Impressum
Verlag: BABADADA GmbH, Nedderfeld 112 , 22529 Hamburg
Geschäftsführer / Verlagsleitung: Harald Hof
Druck: Books on Demand GmbH, In de Tarpen 42, 22848 Norderstedt

Imprint
Publisher: BABADADA GmbH, Nedderfeld 112 , 22529 Hamburg, Germany
Managing Director / Publishing direction: Harald Hof
Print: Books on Demand GmbH, In de Tarpen 42, 22848 Norderstedt, Germany

школа
school

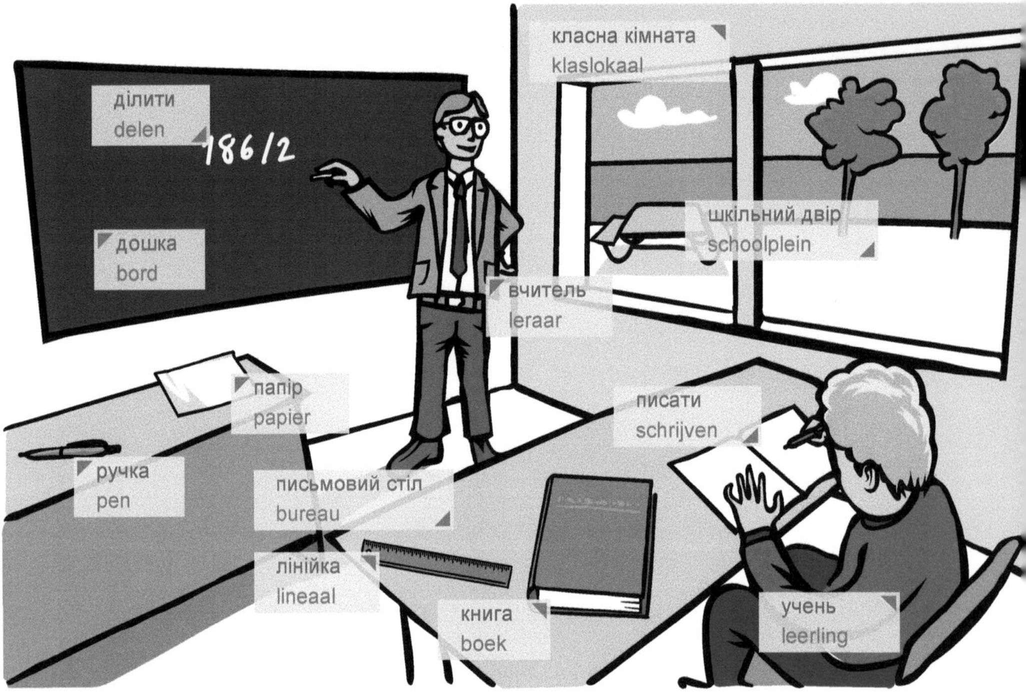

класна кімната
klaslokaal
ділити
delen
186/2
дошка
bord
шкільний двір
schoolplein
вчитель
leraar
папір
papier
писати
schrijven
ручка
pen
письмовий стіл
bureau
лінійка
lineaal
книга
boek
учень
leerling

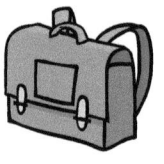

ранець

schooltas

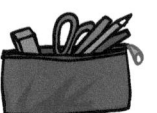

пенал

etui

олівець

potlood

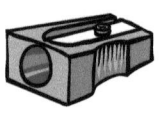

точило

puntenslijper

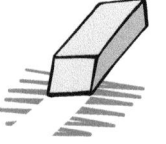

гумка

gum

альбом для малювання

schetsblok

малюнок

tekening

пензель

penseel

коробка фарб

verfdoos

ножиці

schaar

клей

lijm

зошит

schrift

домашнє завдання

huiswerk

число

getal

2+2

додавати

optellen

5-2

віднімати

aftrekken

множити

vermenigvuldigen

рахувати

rekenen

A

літера

letter

абетка

alfabet

слово

woord

текст

tekst

читати

lezen

крейда

krijt

година

les

класний журнал

klassenboek

екзамен

examen

диплом

diploma

шкільна форма

schooluniform

освіта

opleiding

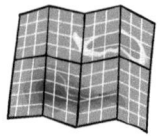

лексикон

encyclopedie

університет

universiteit

мікроскоп

microscoop

карта

kaart

кошик для паперу

prullenmand

подорож

reis

готель
hotel
Grand
турбаза
hostel
ROOMS
EXCHANGE
обмінний пункт
wisselkantoor
валіза
koffer
автомобіль
auto

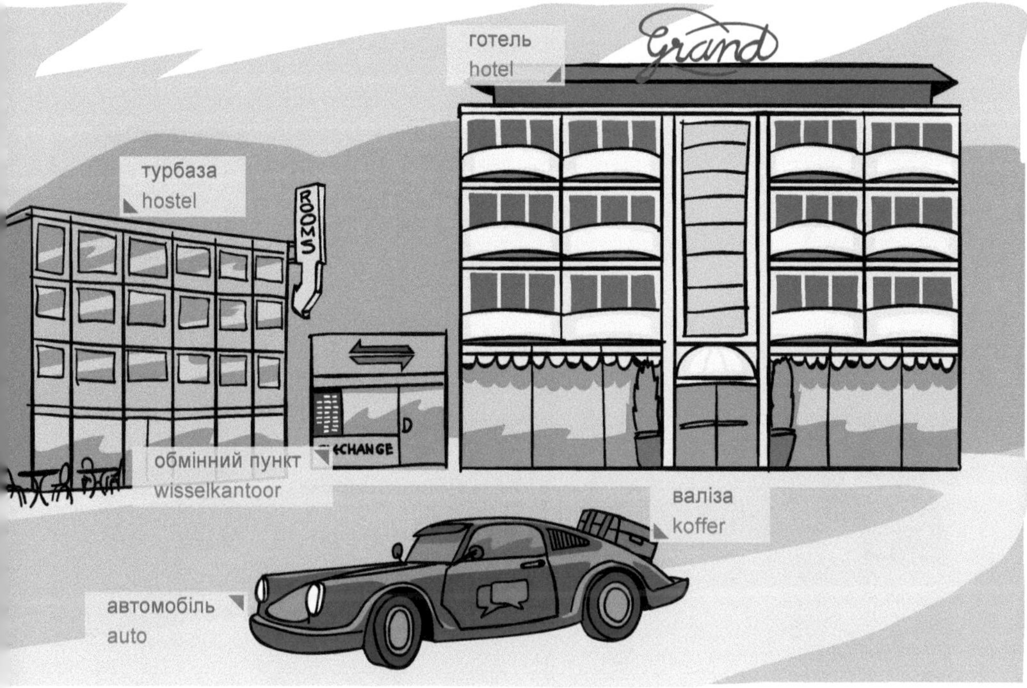

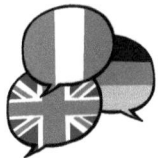

мова

taal

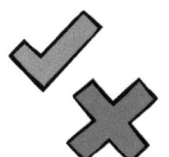

так / ні

ja / nee

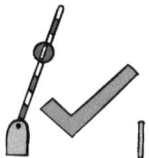

добре

oké

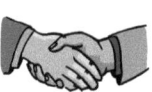

привіт

Hallo!

перекладач

tolk

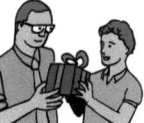

дякую

Bedankt.

Скільки коштує ...?

Wat kost ...?

Я не розумію

Ik begrijp het niet.

проблема

probleem

Добрий вечір!

Goedenavond!

Доброго ранку!

Goedemorgen!

На добраніч!

Goedenacht!

До побачення

Tot ziens!

напрямок

richting

багаж

bagage

сумка

tas

рюкзак

rugzak

гість

gast

кімната

kamer

спальний мішок

slaapzak

намет

tent

туристична інформація

VVV-kantoor

пляж

strand

кредитна картка

creditkaart

сніданок

ontbijt

обід

lunch

вечеря

diner

квиток

kaartje

ліфт

lift

поштова марка

postzegel

межа

grens

митниця

douane

посольство

ambassade

віза

visum

паспорт

paspoort

транспорт
transport

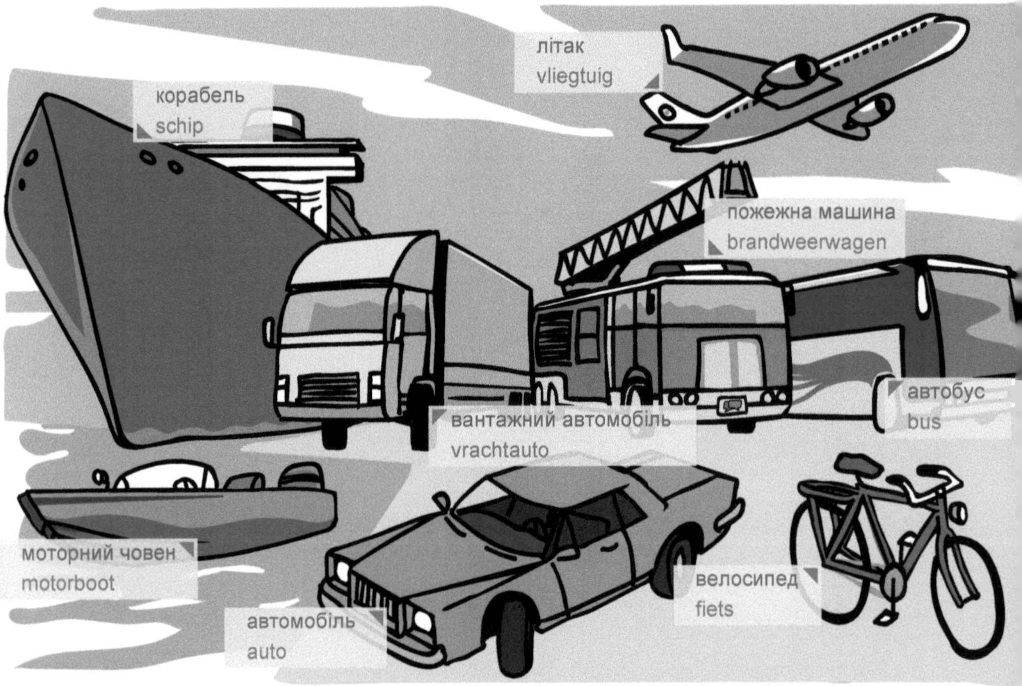
літак
vliegtuig
корабель
schip
пожежна машина
brandweerwagen
автобус
bus
вантажний автомобіль
vrachtauto
моторний човен
motorboot
велосипед
fiets
автомобіль
auto

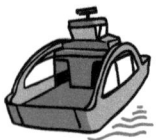

пором
veerboot

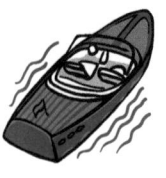

човен
boot

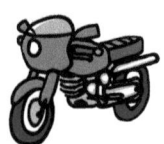

мотоцикл
motorfiets

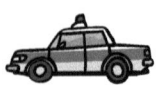

поліцейська машина
politiewagen

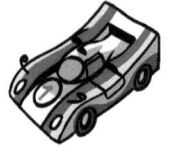

гоночний автомобіль
raceauto

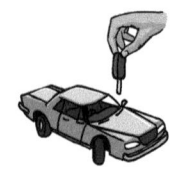

автомобіль на прокат
huurauto

пільне користування авто

carsharing

евакуатор

takelwagen

сміттєвоз

vuilniswagen

двигун

motor

паливо

benzine

автозаправна станція

benzinepomp

дорожній знак

verkeersbord

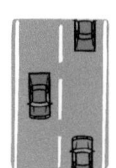

рух

verkeer

затор

file

стоянка

parkeerplaats

вокзал

station

рейки

rails

потяг

trein

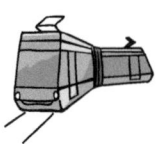

трамвай

tram

вагон

wagon

гелікоптер

helikopter

аеропорт

luchthaven

вежа

toren

пасажир

passagier

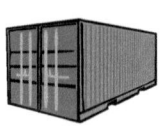

контейнер

container

коробка

verhuisdoos

візок

kar

кошик

mand

стартувати / приземлятися

opstijgen / landen

місто

stad

село

dorp

центр міста

stadscentrum

дім

huis

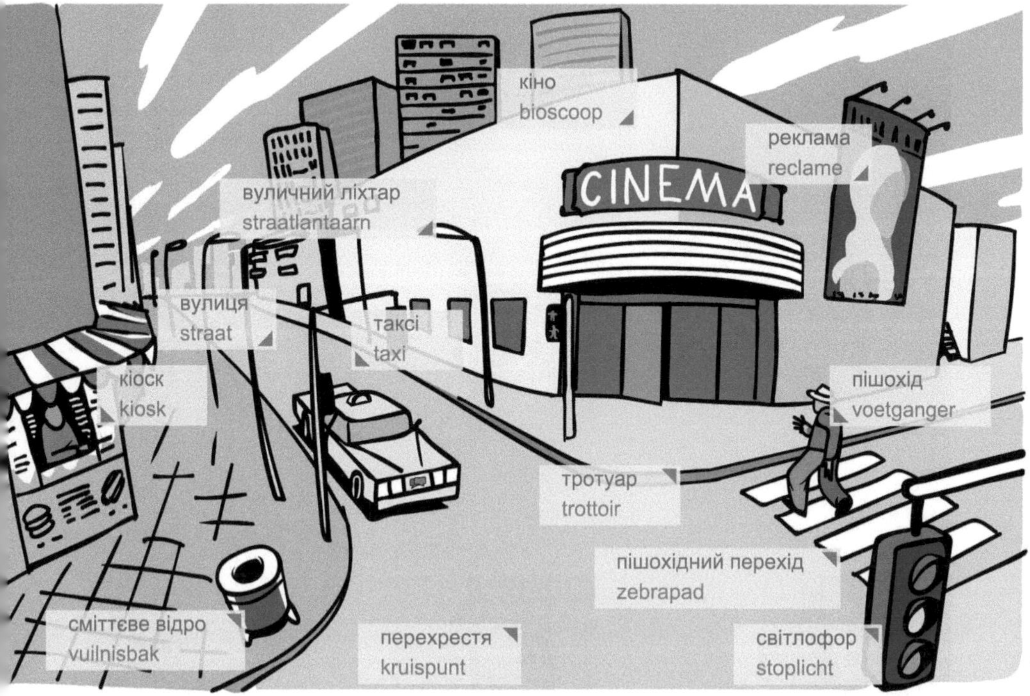

кіно
bioscoop

реклама
reclame

вуличний ліхтар
straatlantaarn

CINEMA

вулиця
straat

таксі
taxi

пішохід
voetganger

кіоск
kiosk

тротуар
trottoir

сміттєве відро
vuilnisbak

перехрестя
kruispunt

пішохідний перехід
zebrapad

світлофор
stoplicht

хатина
....
hut

квартира
....
appartement

вокзал
....
station

ратуша
....
stadhuis

музей
....
museum

школа
....
school

університет

universiteit

банк

bank

лікарня

ziekenhuis

готель

hotel

аптека

apotheek

офіс

kantoor

книжковий магазин

boekenwinkel

магазин

winkel

квітковий магазин

bloemenwinkel

супермаркет

supermarkt

ринок

markt

універмаг

warenhuis

торговець рибою

visboer

торговельний центр

winkelcentrum

гавань

haven

парк
park

лава
bank

міст
brug

сходи
trap

метро
metro

тунель
tunnel

автобусна зупинка
bushalte

бар
bar

ресторан
restaurant

поштова скринька
brievenbus

вулична табличка
straatnaambord

лічильник паркування
parkeermeter

зоопарк
dierentuin

басейн
zwembad

мечеть
moskee

ферма

boerderij

забруднення навколишнього середовища

vervuiling

кладовище

begraafplaats

церква

kerk

дитячий майданчик

speelplaats

храм

tempel

ландшафт

landschap

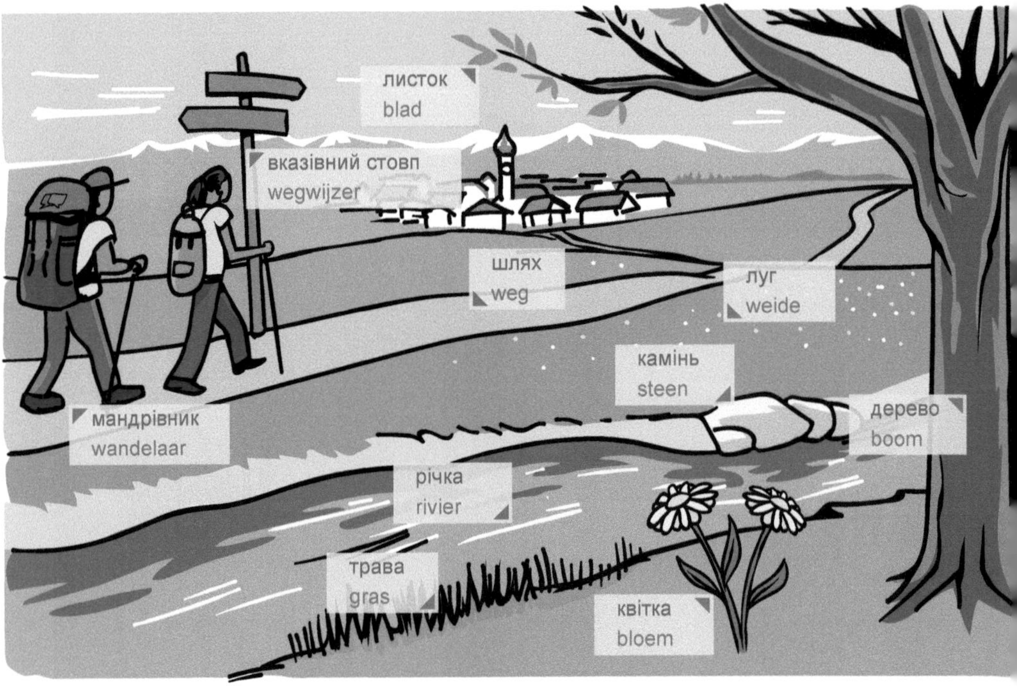

листок
blad

вказівний стовп
wegwijzer

шлях
weg

луг
weide

камінь
steen

дерево
boom

мандрівник
wandelaar

річка
rivier

трава
gras

квітка
bloem

долина

vallei

гора

berg

озеро

meer

ліс

bos

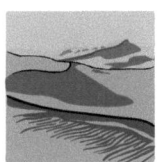

пустеля

woestijn

вулкан

vulkaan

замок

kasteel

веселка

regenboog

гриб

paddenstoel

пальма

palmboom

комар

mug

муха

vlieg

мурашка

mier

бджола

bij

павук

spin

жук

kever

жаба

kikker

вивірка

eekhoorn

їжак

egel

заєць

haas

сова

uil

птах

vogel

лебідь

zwaan

кабан

wild zwijn

олень

hert

лось

eland

гребля

stuwdam

вітряк

windmolen

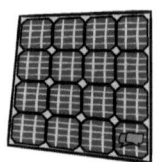

сонячний модуль

zonnepaneel

клімат

klimaat

ресторан
restaurant

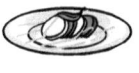

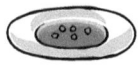

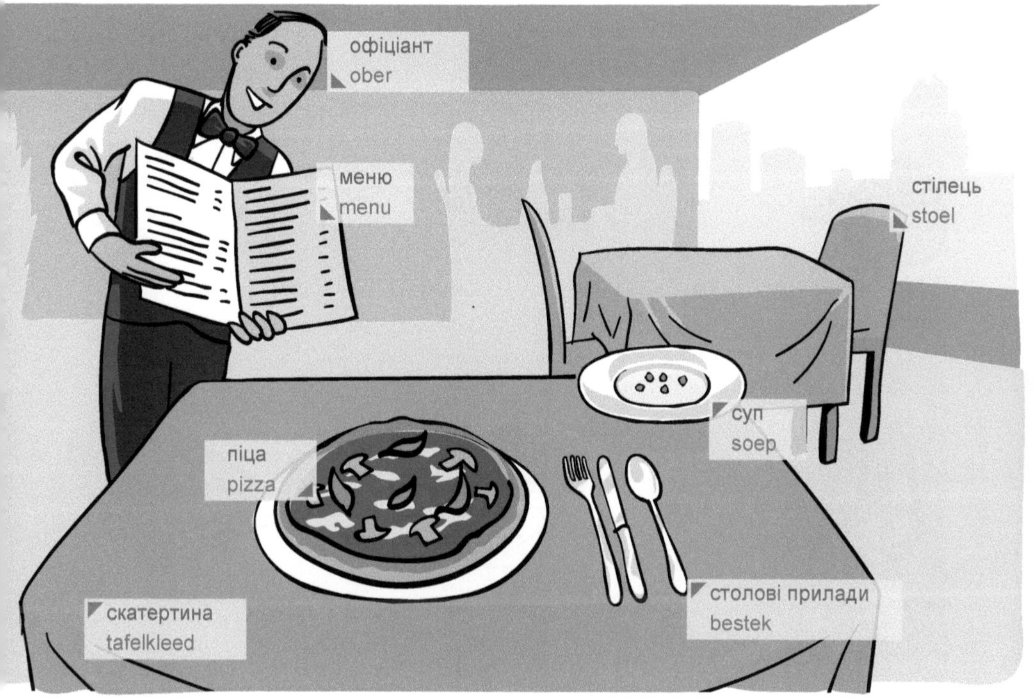

офіціант
ober
меню
menu
стілець
stoel
суп
soep
піца
pizza
скатертина
tafelkleed
столові прилади
bestek

закуска

voorgerecht

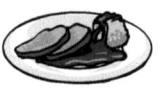

друга страва

hoofdgerecht

десерт

toetje

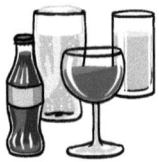

напої

dranken

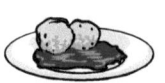

їжа

eten

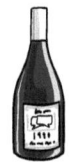

пляшка

fles

фаст-фуд

fastfood

вулична їжа

eetkraampje

чайник

theepot

цукорниця

suikerpot

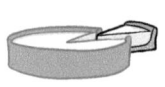

порція

portie

еспресо-машина

espressomachine

високий стільчик

kinderstoel

рахунок

rekening

піднос

dienblad

ніж

mes

вилка

vork

ложка

lepel

чайна ложка

theelepel

серветка

servet

склянка

glas

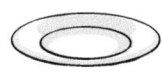

тарілка

bord

тарілка для супу

soepbord

блюдце

schotel

соус

saus

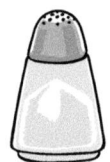

солонка

zoutvaatje

млин для перцю

pepermolen

оцет

azijn

масло

olie

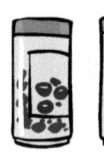

спеції

kruiden

кетчуп

ketchup

гірчиця

mosterd

майонез

mayonaise

супермаркет
supermarkt

пропозиція
aanbieding
FOR
клієнт
klant
молочні продукти
zuivelproducten
фрукти
fruit
візок для покупок
winkelwagen

BUTCHERS

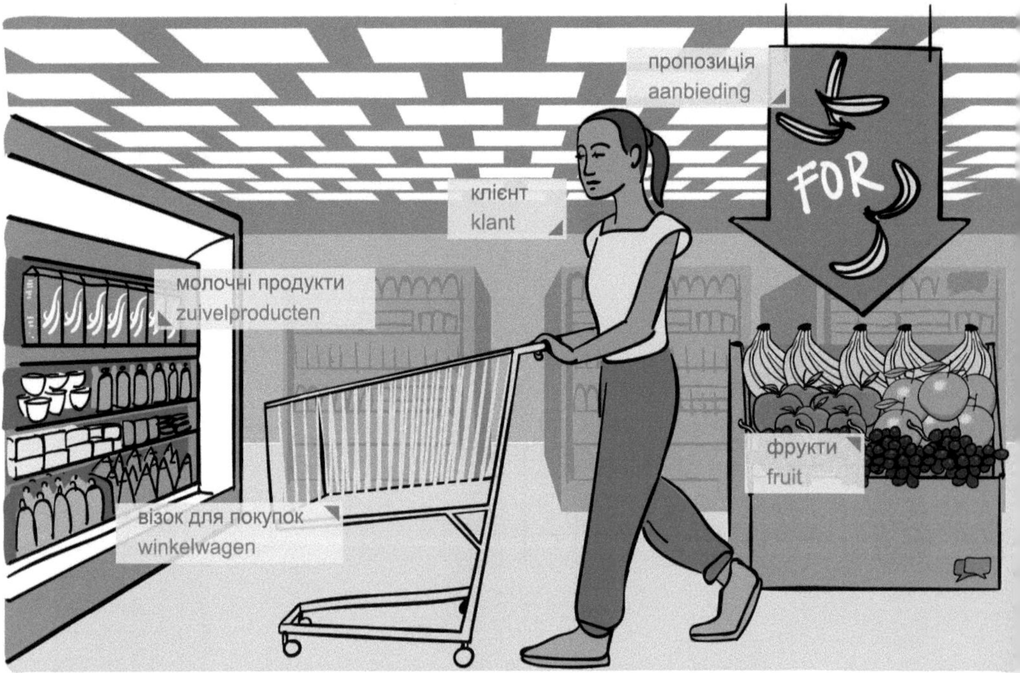

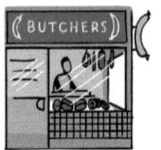

м'ясний магазин

slager

BAKERY

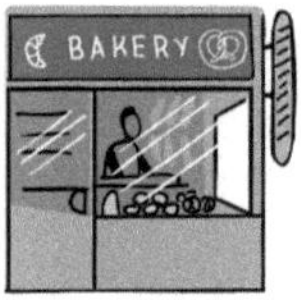

пекарня

bakkerij

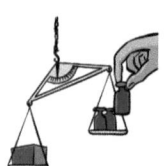

зважувати

wegen

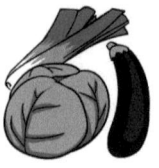

овочі

groente

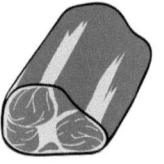

м'ясо

vlees

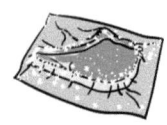

заморожені продукти

diepvriesproducten

ковбасна нарізка

vleeswaren

консерви

conserven

пральний порошок

wasmiddel

солодощі

snoepgoed

предмети домашнього побуту

huishoudelijke artikelen

мийний засіб

schoonmaakmiddel

продавщиця

verkoopster

каса

kassa

касир

kassier

список покупок

boodschappenlijstje

часи роботи

openingstijden

гаманець

portefeuille

кредитна картка

creditkaart

сумка

tas

поліетиленовий пакет

plastic zak

вода

water

сік

sap

молоко

melk

кола

cola

вино

wijn

пиво

bier

алкоголь

alcohol

какао

chocolademelk

чай

thee

кава

koffie

еспресо

espresso

капучіно

cappuccino

банан

banaan

яблуко

appel

апельсин

sinaasappel

кавун

watermeloen

лимон

citroen

морква

wortel

часник

knoflook

бамбук

bamboe

цибуля

ui

гриб

paddenstoel

горішки

noten

локшина

pasta

спагеті

spaghetti

рис

rijst

салат

salade

картопля фрі

friet

смажена картопля

gebakken aardappelen

піца

pizza

гамбургер

hamburger

бутерброд

sandwich

шніцель

schnitzel

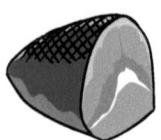

шинка

ham

салямі

salami

ковбаса

worst

курка

kip

печеня

gebraad

риба

vis

вівсяні пластівці

havermout

мюслі

muesli

кукурудзяні пластівці

cornflakes

борошно

meel

круасан

croissant

булочка

broodjes

хліб

brood

тостовий хліб

toast

печиво

koekjes

масло

boter

сир

kwark

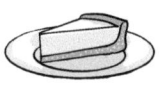

пиріг

taart

яйце

ei

яєчня

gebakken ei

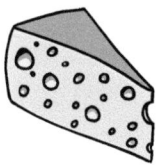

сир

kaas

морозиво

ijs

цукор

suiker

мед

honing

мармелад

jam

нуга-крем

chocoladepasta

карі

kerrie

ферма
boerderij

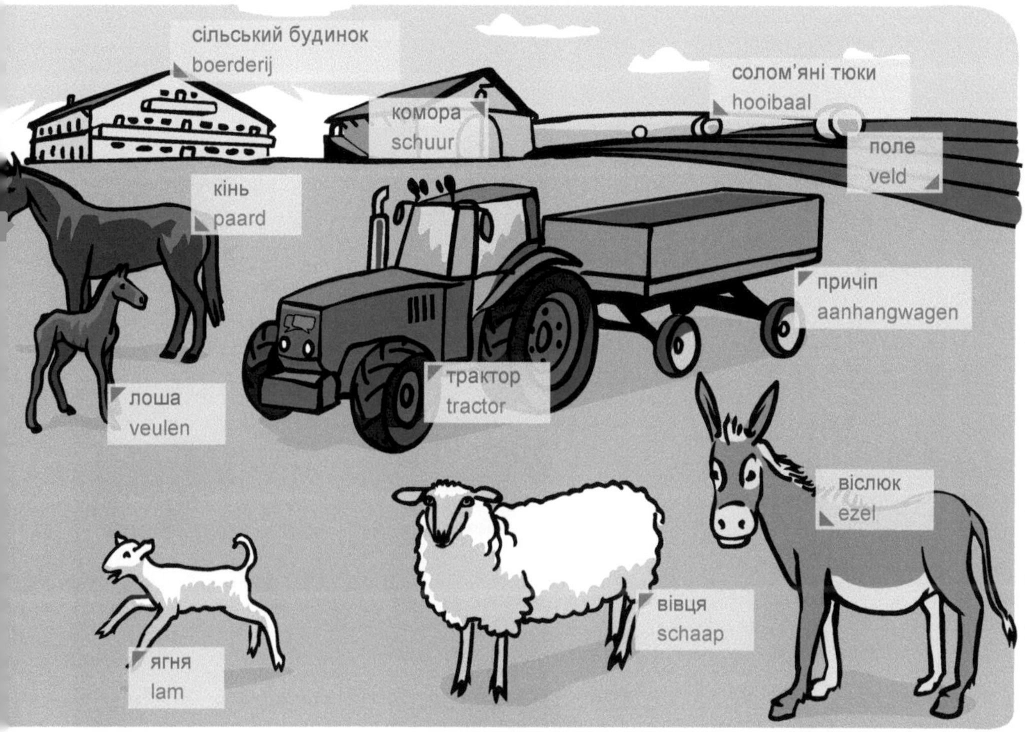

сільський будинок
boerderij
комора
schuur
солом'яні тюки
hooibaal
поле
veld
кінь
paard
причіп
aanhangwagen
лоша
veulen
трактор
tractor
віслюк
ezel
вівця
schaap
ягня
lam

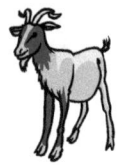

коза

geit

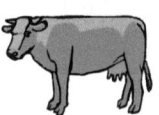

корова

koe

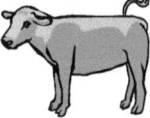

теля

kalf

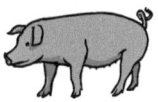

свиня

varken

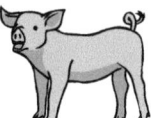

порося

big

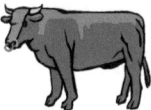

бик

stier

гусак
gans

качка
eend

курча
kuiken

курка
kip

півень
haan

щур
rat

кіт
kat

миша
muis

віл
os

собака
hond

собача будка
hondenhok

садовий шланг
tuinslang

лійка
gieter

коса
zeis

плуг
ploeg

серп

sikkel

мотика

schoffel

вила

hooivork

сокира

bijl

тачка

kruiwagen

корито

trog

бідон молока

melkbus

мішок

zak

паркан

hek

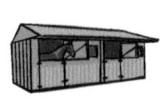

хлів

stal

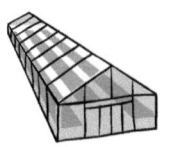

теплиця

broeikas

ґрунт

grond

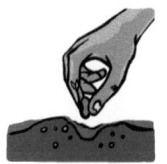

насіння

zaad

добриво

mest

комбайн

maaidorser

пожинати

oogsten

урожай

oogst

корінь ямсу

yam

пшениця

tarwe

соя

soja

картопля

aardappel

кукурудза

maïs

ріпак

koolzaad

плодове дерево

fruitboom

маніок

maniok

злаки

granen

ферма - boerderij

дім

huis

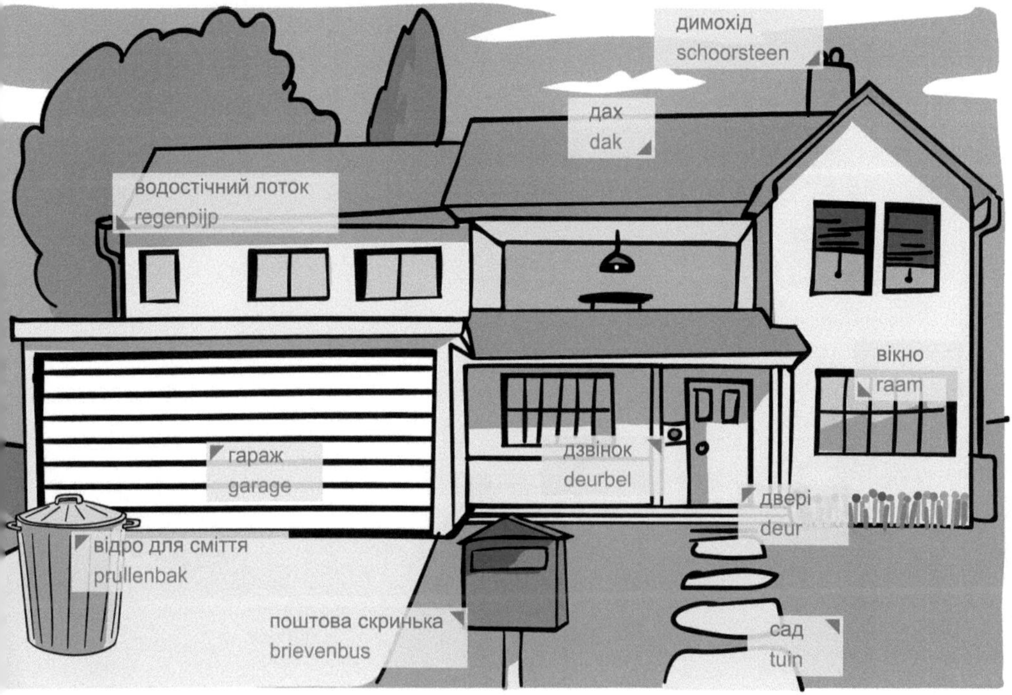

димохід
schoorsteen
дах
dak
водостічний лоток
regenpijp
вікно
raam
гараж
garage
дзвінок
deurbel
двері
deur
відро для сміття
prullenbak
поштова скринька
brievenbus
сад
tuin

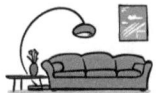

вітальня

woonkamer

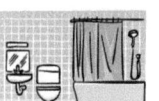

ванна кімната

badkamer

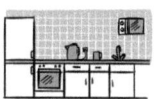

кухня

keuken

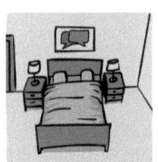

спальня

slaapkamer

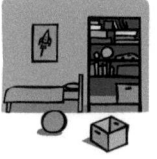

дитяча кімната

kinderkamer

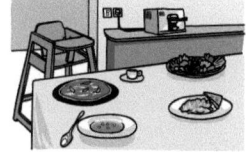

їдальня

eetkamer

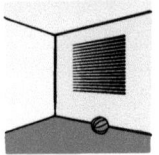

підлога

vloer

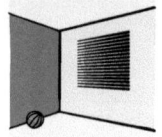

стіна

muur

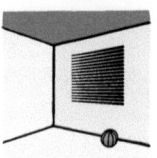

стеля

plafond

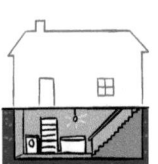

підвал

kelder

сауна

sauna

балкон

balkon

тераса

terras

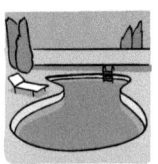

басейн

zwembad

косарка

grasmaaier

простирало

laken

ковдра

bedsprei

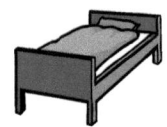

ліжко

bed

мітла

bezem

відро

emmer

перемикач

schakelaar

вітальня
woonkamer

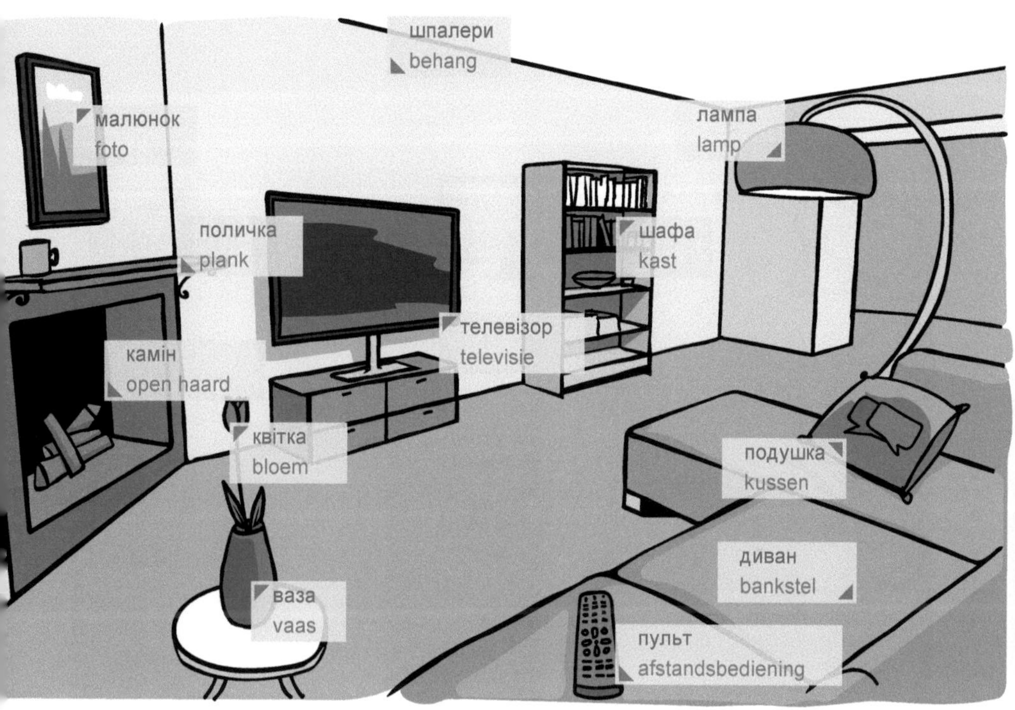
шпалери
behang
малюнок
foto
лампа
lamp
поличка
plank
шафа
kast
телевізор
televisie
камін
open haard
квітка
bloem
подушка
kussen
диван
bankstel
ваза
vaas
пульт
afstandsbediening

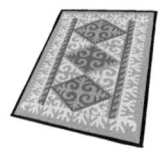

килим

tapijt

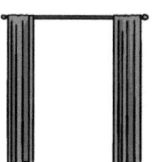

завіса

gordijn

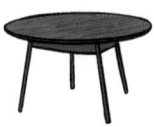

стіл

tafel

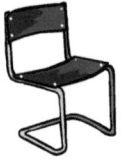

стілець

stoel

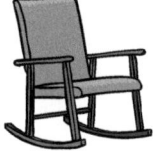

крісло-гойдалка

schommelstoel

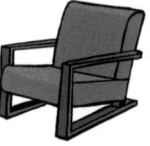

крісло

stoel

книга
boek

ковдра
deken

прикраса
decoratie

дрова
brandhout

фільм
film

стереосистема
stereo-installatie

ключ
sleutel

газета
krant

картина
schilderij

плакат
poster

радіо
radio

блокнот
kladblok

пилосос
stofzuiger

кактус
cactus

свічка
kaars

кухня
keuken

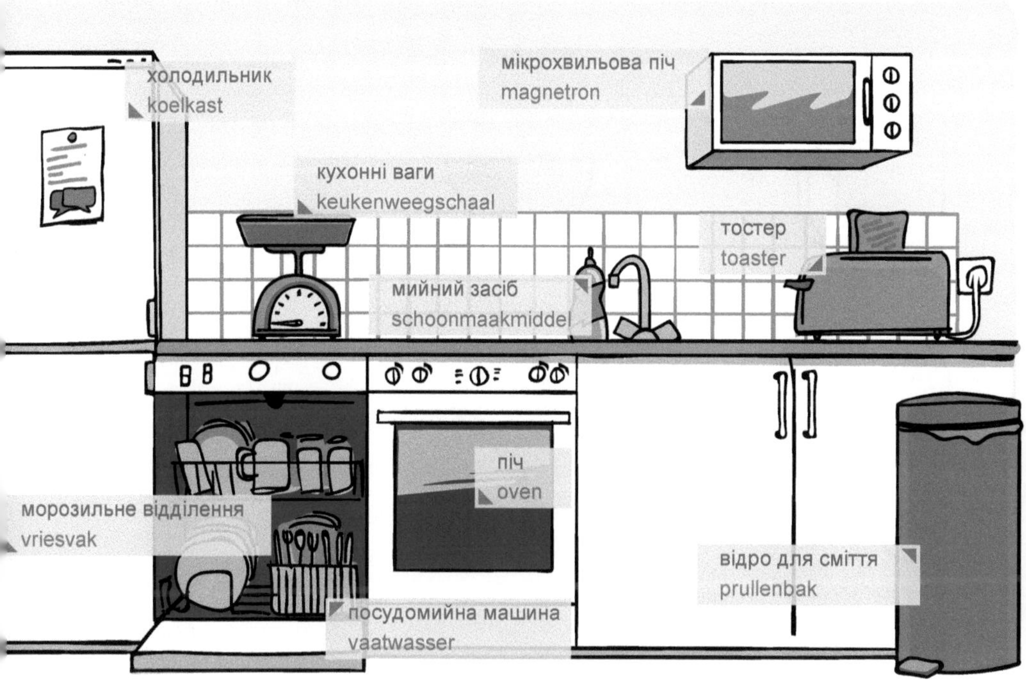
холодильник
koelkast
мікрохвильова піч
magnetron
кухонні ваги
keukenweegschaal
тостер
toaster
мийний засіб
schoonmaakmiddel
піч
oven
морозильне відділення
vriesvak
відро для сміття
prullenbak
посудомийна машина
vaatwasser

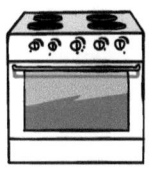

плита
fornuis

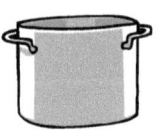

горщик
pan

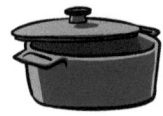

чавунний горщик
gietijzeren pan

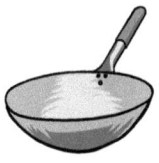

вок / кадай
wok / kadai

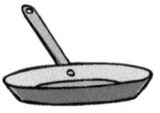

сковорода
koekenpan

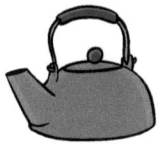

чайник
ketel

пароварка

stoomkoker

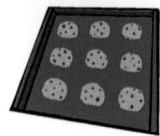

лист

bakplaat

посуд

servies

кухоль

beker

чаша

kom

палички для їжі

eetstokjes

черпак

soeplepel

лопатка

spatel

вінчик для збивання

garde

сито

vergiet

сито

zeef

терка

rasp

ступка

vijzel

барбекю

barbecue

багаття

vuurhaard

дошка
snijplank

качалка
deegroller

штопор
kurkentrekker

конзерва
blik

відкривачка
blikopener

прихватки
pannenlap

раковина
wasbak

щітка
borstel

губка
spons

міксер
blender

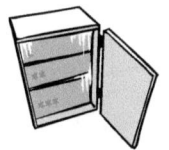

морозильна камера
vriezer

дитяча пляшка
babyflesje

кран
kraan

ванна кімната
badkamer

опалення
verwarming
рушник
handdoek
душ
douche
душова завіса
douchegordijn
піниста ванна
bubbelbad
ванна
bad
склянка
glas
пральна машина
wasmachine
кран
kraan
плитка
tegels
горшок
potje
раковина
wasbak

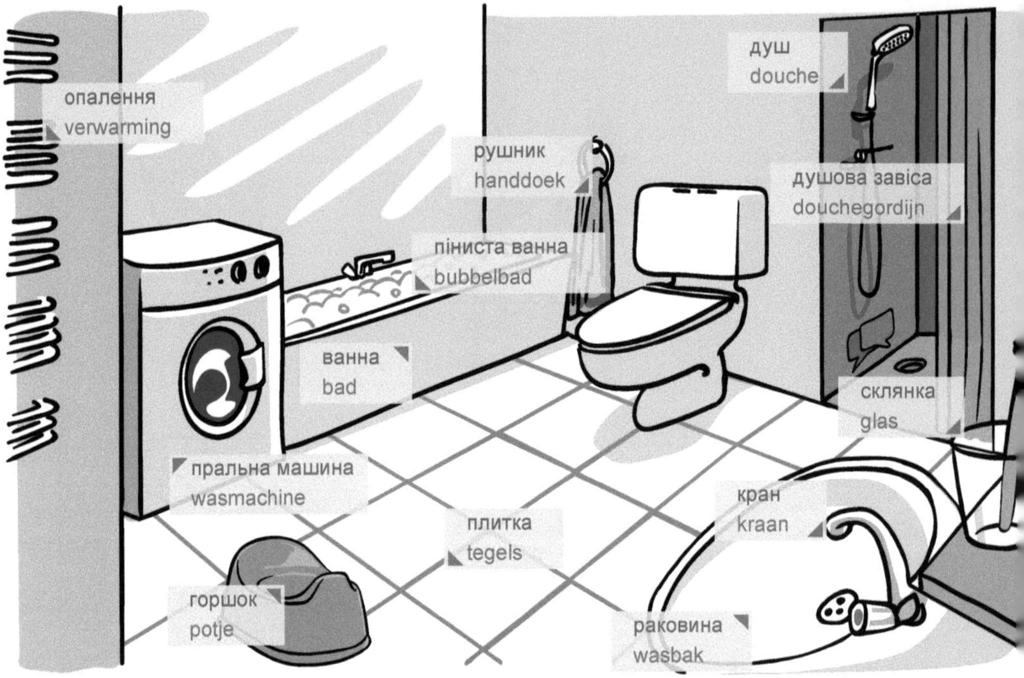

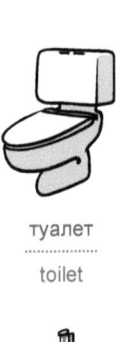

туалет
toilet

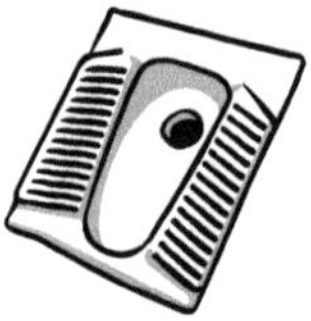

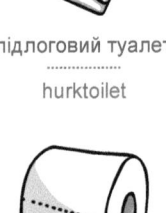

підлоговий туалет
hurktoilet

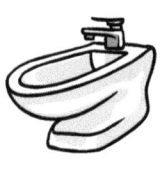

біде
bidet

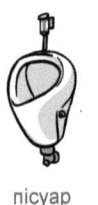

пісуар
urinoir

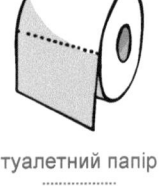

туалетний папір
toiletpapier

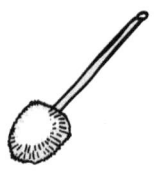

щітка для туалету
toiletborstel

зубна щітка

tandenborstel

зубна паста

tandpasta

нитка для чищення зубів

flosdraad

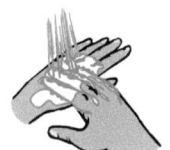

мити

wassen

ручний душ

handdouche

інтимний душ

toiletdouche

таз

waskom

щітка для спини

rugborstel

мило

zeep

гель для душу

douchegel

шампунь

shampoo

мочалка

washanje

водостік

afvoer

крем

creme

дезодорант

deodorant

дзеркало

spiegel

косметичне дзеркало

make-upspiegel

бритва

scheermes

піна для гоління

scheerschuim

лосьйон після гоління

aftershave

гребінь

kam

щітка

borstel

фен

haardroger

лак для волосся

haarspray

косметика

make-up

губна помада

lippenstift

лак для нігтів

nagellak

вата

watten

ножиці для нігтів

nagelschaartje

парфум

parfum

косметичка

toilettas

табурет

kruk

ваги

weegschaal

халат

badjas

гумові рукавички

rubber handschoenen

тампон

tampon

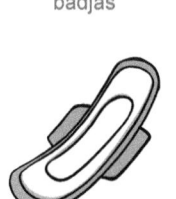

гігієнічні прокладки

maandverband

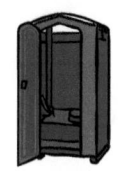

біотуалет

chemisch toilet

дитяча кімната
kinderkamer

будильник
wekker
м'яка іграшка
knuffeldier
іграшковий автомобіль
speelgoedauto
брязкальце
rammelaar
ляльковий будиночок
poppenhuis
подарунок
cadeau

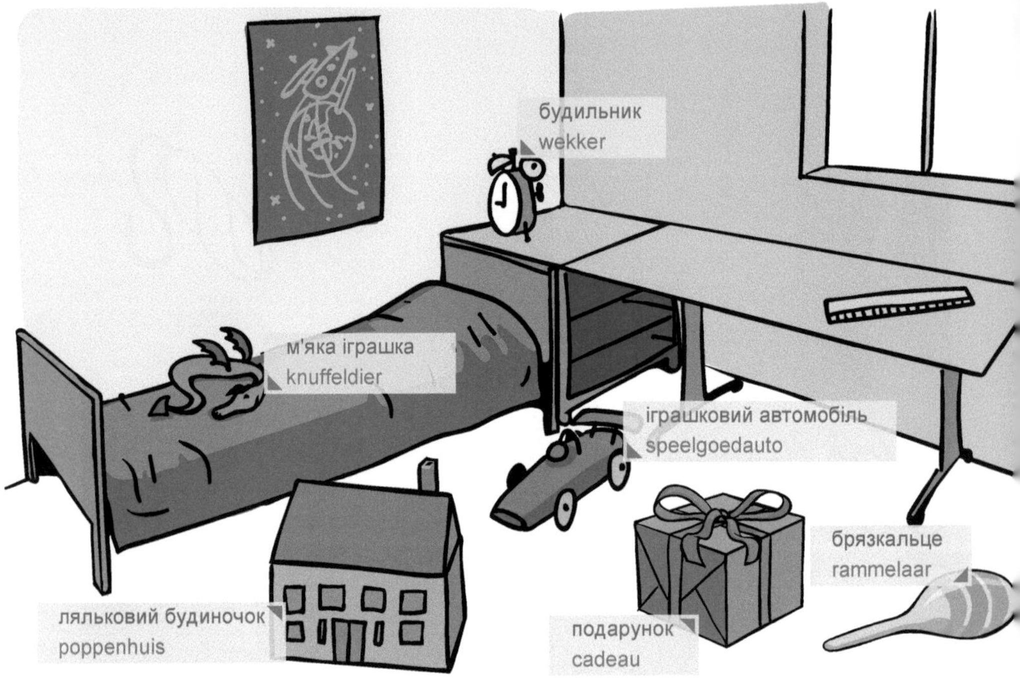

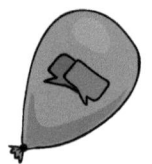

повітряна кулька

ballon

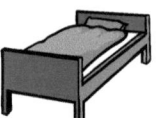

ліжко

bed

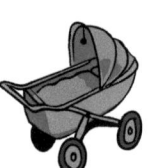

дитячий візок

kinderwagen

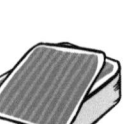

картярська гра

kaartspel

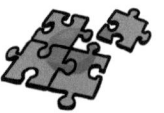

пазл

puzzel

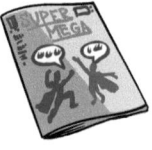

комікс

stripverhaal

лего цеглинки

legostenen

блоки

speelgoedblokken

іграшкова фігурка

actiefiguurtje

повзунки

romper

фризбі

frisbee

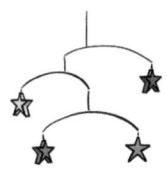

мобіле

mobile

настільна гра

bordspel

кубик

dobbelsteen

модель залізнична станція

modeltrein

соска

speen

вечірка

feestje

книжка з картинками

prentenboek

м'яч

bal

лялька

pop

грати

spelen

пісочниця

zandbak

гойдалка

schommel

іграшка

speelgoed

гральна консоль

spelcomputer

триколісний велосипед

driewieler

плюшевий мішка

teddybeer

шафа

kleerkast

одяг

kleding

шкарпетки

sokken

панчохи

kousen

колготки

panty

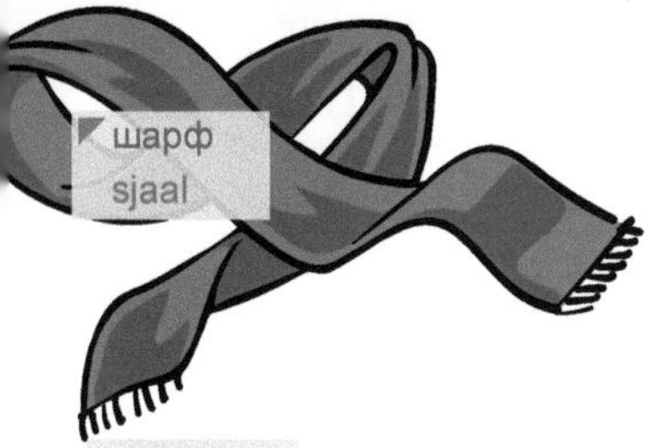

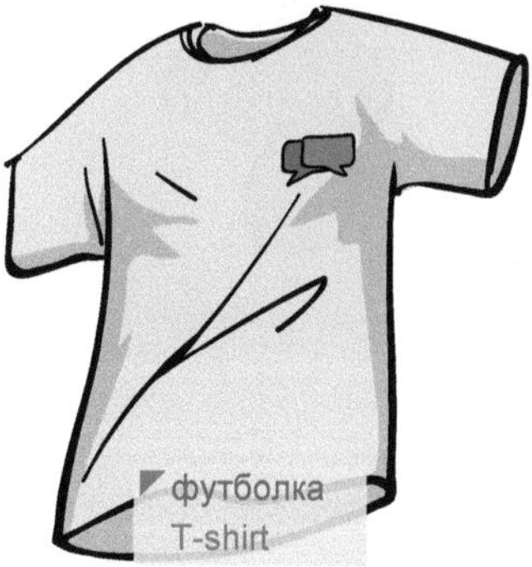

шарф
sjaal

ремінь
riem

парасоля
paraplu

футболка
T-shirt

чоботи
laarzen

домашнє взуття
pantoffels

кросівки
sportschoenen

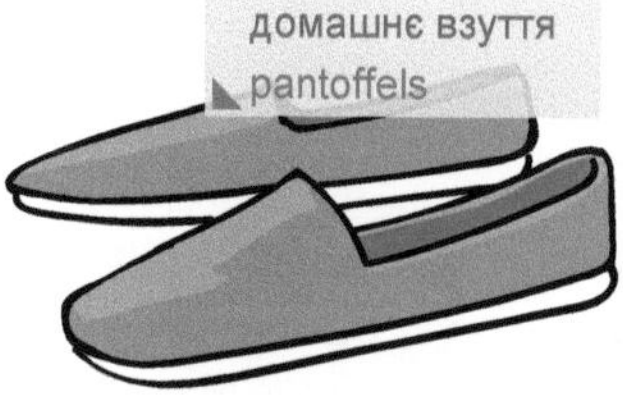

сандалі
sandalen

взуття
schoenen

гумові чоботи
rubberlaarzen

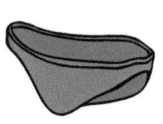
труси
onderbroek

бюстгальтер
beha

нижня сорочка
onderhemd

боді
body

штани
broek

джинси
spijkerbroek

спідниця
rok

блузка
blouse

сорочка
overhemd

пуловер
trui

светр
hoody

піджак
blazer

куртка
jas

пальто
mantel

дощовик
regenjas

костюм
kostuum

сукня
jurk

весільна сукня
trouwjurk

костюм

pak

нічна сорочка

nachthemd

піжама

pyjama

сарі

sari

головна хустка

hoofddoek

чалма

tulband

бурка

boerka

кафтан

kaftan

абая

abaja

купальник

zwempak

плавки

zwembroek

шорти

korte broek

тренувальний костюм

trainingspak

фартух

schort

рукавички

handschoenen

гудзик

knoop

окуляри

bril

браслет

armband

ланцюг

ketting

кільце

ring

сережка

oorbel

шапка

pet

плічка

kledinghanger

капелюх

hoed

краватка

stropdas

застібка-блискавка

rits

шолом

helm

підтяжки

bretels

шкільна форма

schooluniform

уніформа

uniform

нагрудник

slabbetje

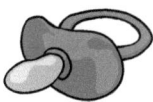

соска

speen

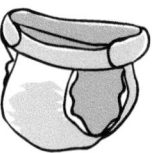

підгузок

luier

офіс

kantoor

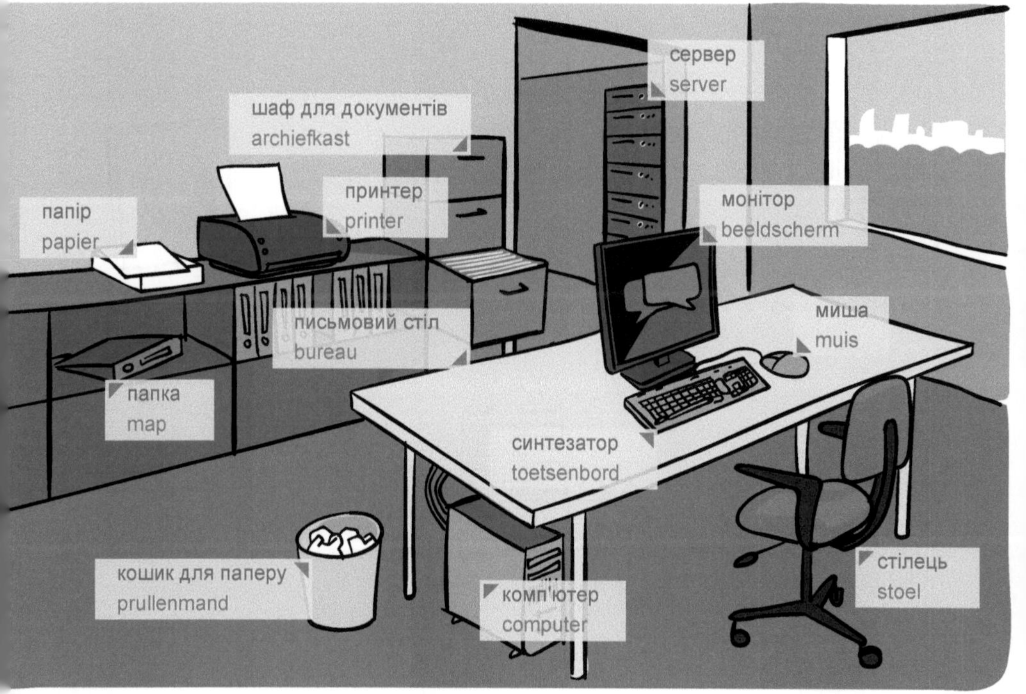

сервер
server

шаф для документів
archiefkast

принтер
printer

монітор
beeldscherm

папір
papier

миша
muis

письмовий стіл
bureau

папка
map

синтезатор
toetsenbord

кошик для паперу
prullenmand

стілець
stoel

комп'ютер
computer

кавовий кухоль

koffiemok

калькулятор

rekenmachine

інтернет

internet

ноутбук

laptop

лист

brief

повідомлення

bericht

мобільний телефон

mobiele telefoon

мережа

netwerk

копіювальний пристрій

kopieermachine

програмне забезпечення

software

телефон

telefoon

розетка

stopcontact

факс

fax

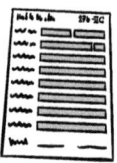

бланк

formulier

документ

document

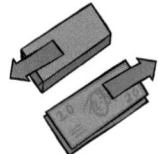

купувати

kopen

платити

betalen

торгувати

handel drijven

гроші

geld

долар

dollar

євро

euro

ієна

yen

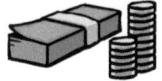

рубль

roebel

франк

Zwitserse frank

юанів женьміньбі

renminbi yuan

рупія

roepie

банкомат

geldautomaat

обмінний пункт

wisselkantoor

золото

goud

срібло

zilver

нафта

olie

енергія

energie

ціна

prijs

контракт

contract

податок

belasting

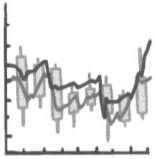

акція

aandeel

працювати

werken

працівник

werknemer

роботодавець

werkgever

фабрика

fabriek

магазин

winkel

професії
beroepen

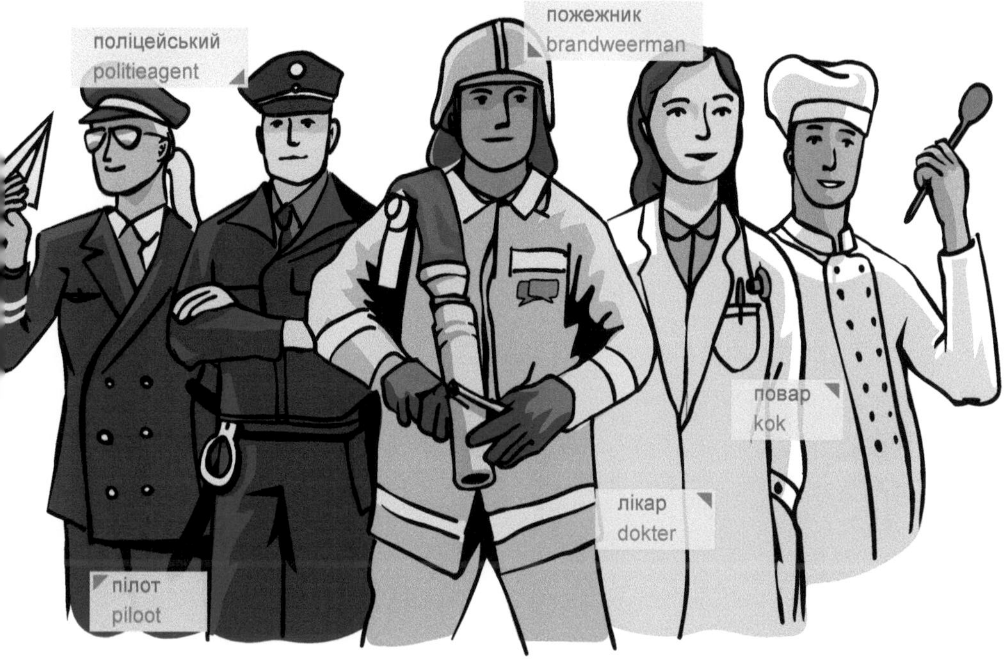
поліцейський
politieagent
пожежник
brandweerman
повар
kok
лікар
dokter
пілот
piloot

садівник

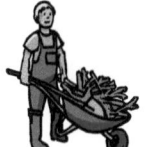

tuinman

столяр

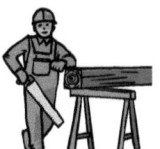

timmerman

швачка

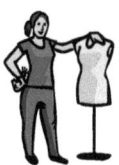

naaister

суддя

rechter

хімік

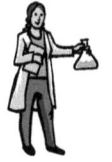

scheikundige

актор

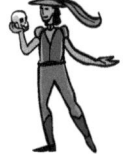

toneelspeler

водій автобуса

buschauffeur

таксист

taxichauffeur

рибалка

visser

прибиральниця

schoonmaakster

покрівельник

dakdekker

офіціант

ober

мисливець

jager

художник

schilder

пекар

bakker

електрик

elektricien

будівельник

bouwvakker

інженер

ingenieur

забійник

slager

бляхар

loodgieter

листоноша

postbode

солдат
soldaat

архітектор
architect

касир
kassier

флорист
bloemist

перукар
kapper

кондуктор
conducteur

механік
monteur

капітан
kapitein

дантист
tandarts

вчений
wetenschapper

рабин
rabbi

імам
imam

монах
monnik

пастор
pastoor

інструменти
gereedschap

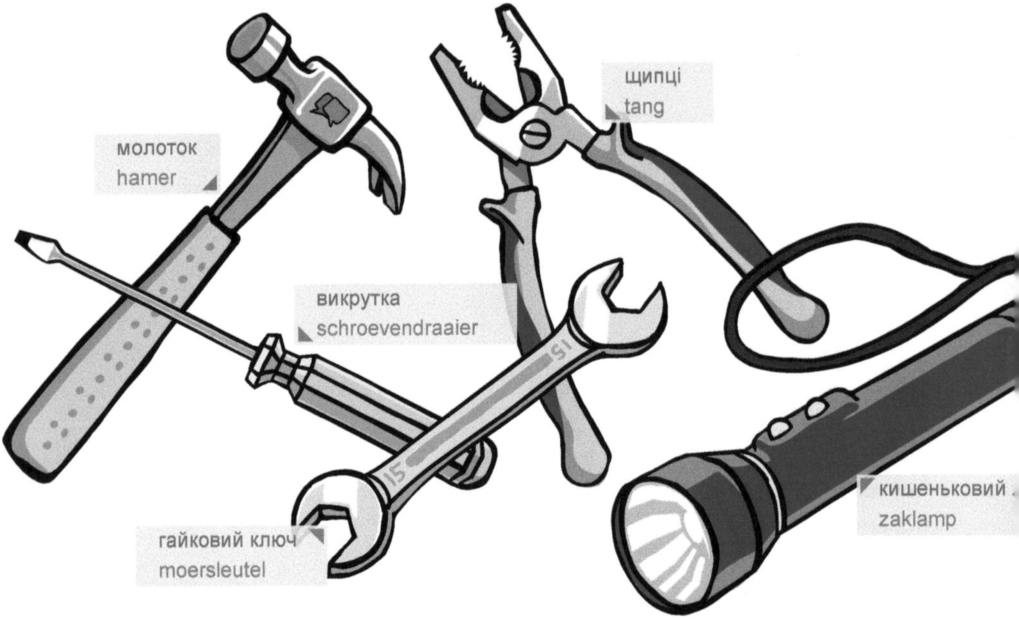

щипці
tang
молоток
hamer
викрутка
schroevendraaier
кишеньковий
zaklamp
гайковий ключ
moersleutel

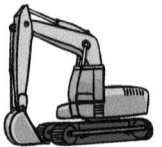

екскаватор

graafmachine

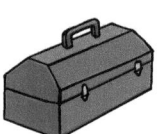

ящик для інструментів

gereedschapskist

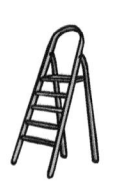

драбина

ladder

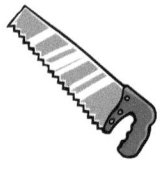

пилка

zaag

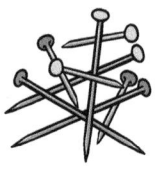

цвяхи

spijkers

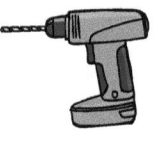

свердло

boor

ремонтувати

repareren

лопата

schep

лайно!

Verdorie!

совок

stofblik

відро з фарбою

verfpot

гвинти

schroeven

музичні інструменти
muziekinstrumenten

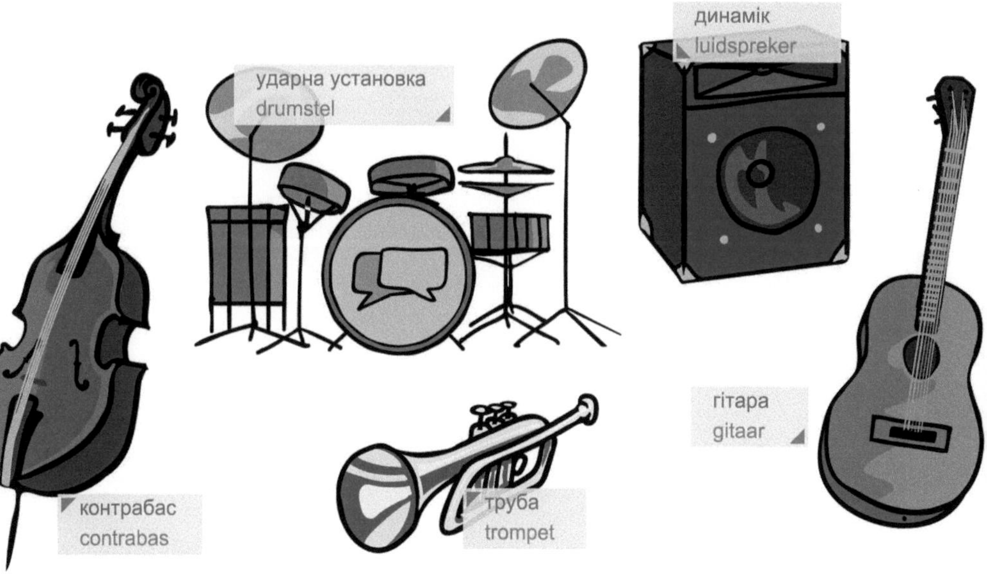

динамік
luidspreker

ударна установка
drumstel

гітара
gitaar

контрабас
contrabas

труба
trompet

фортепіано

piano

скрипка

viool

бас

bas

литаври

pauk

барабан

trommel

клавіатура

keyboard

саксофон

saxofoon

флейта

fluit

мікрофон

microfoon

зоопарк
dierentuin

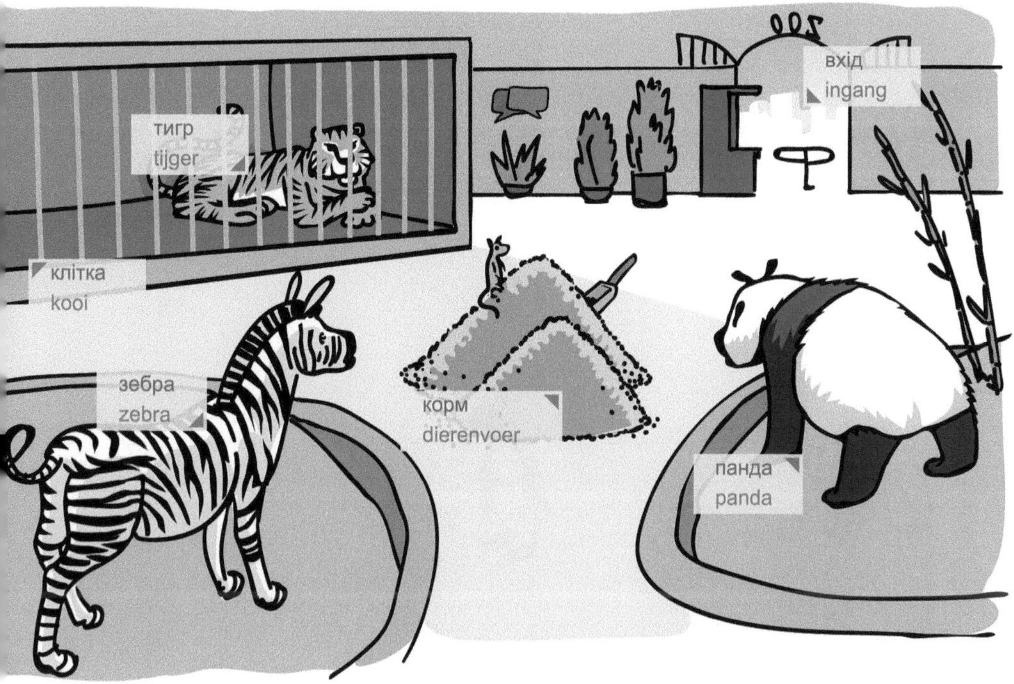

вхід
ingang
тигр
tijger
клітка
kooi
зебра
zebra
корм
dierenvoer
панда
panda

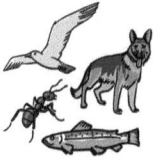

тварини

dieren

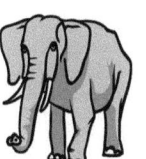

слон

olifant

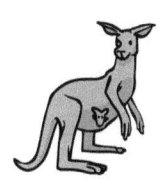

кенгуру

kangoeroe

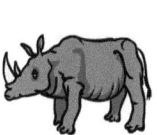

носоріг

neushoorn

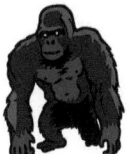

горила

gorilla

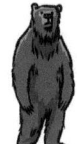

ведмідь

beer

верблюд

kameel

страус

struisvogel

лев

leeuw

мавпа

aap

фламінго

flamingo

папуга

papegaai

білий ведмідь

ijsbeer

пінгвін

pinguïn

акула

haai

павич

pauw

змія

slang

крокодил

krokodil

працівник зоопарку

dierenverzorger

тюлень

zeehond

ягуар

jaguar

поні
pony

леопард
luipaard

гіпопотам
nijlpaard

жираф
giraffe

орел
adelaar

кабан
wild zwijn

риба
vis

черепаха
schildpad

морж
walrus

лисиця
vos

газель
gazelle

американський футбол
American football

їзда на велосипеді
wielrennen

теніс
tennis

баскетбол
basketbal

плавання
zwemmen

бокс
boksen

хокей
ijshockey

футбол
voetbal

бадмінтон
badminton

легка атлетика
atletiek

гандбол
handbal

лижні перегони
skiën

поло
polo

стрибати
springen

обіймати
knuffelen

сміятися
lachen

співати
zingen

йти
lopen

молитися
bidden

цілувати
kussen

мріяти
dromen

писати
schrijven

малювати
tekenen

показувати
tonen

тиснути
duwen

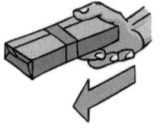

давати
geven

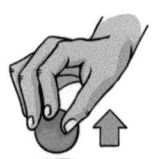

брати
oppakken

мати
hebben

робити
doen

бути
zijn

стояти
staan

бігати
rennen

тягнути
trekken

кидати
gooien

падати
vallen

лежати
liggen

очікувати
wachten

носити
dragen

сидіти
zitten

одягати
aankleden

спати
slapen

просипатися
wakker worden

дивитися

bekijken

плакати

huilen

гладити

strelen

розчісувати

kammen

розмовляти

praten

розуміти

begrijpen

питати

vragen

слухати

horen

пити

drinken

їсти

eten

прибирати

opruimen

любити

houden van

варити

koken

їхати

rijden

літати

vliegen

йти під вітрилом

zeilen

рахувати

rekenen

читати

lezen

вчитися

leren

працювати

werken

одружуватися

trouwen

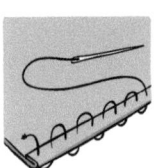

шити

naaien

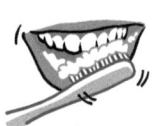

чистити зуби

tandenpoetsen

убивати

doden

курити

roken

посилати

verzenden

бабуся
grootmoeder

дідуся
grootvader

батько
vader

мати
moeder

немовля
baby

донька
dochter

син
zoon

гість

gast

тітка

tante

дядько

oom

брат

broer

сестра

zus

тіло

lichaam

чоло
voorhoofd
око
oog
плече
schouder
палець
vinger
обличчя
gezicht
підборіддя
kin
кисть
hand
нога
been
груди
borst
рука
arm

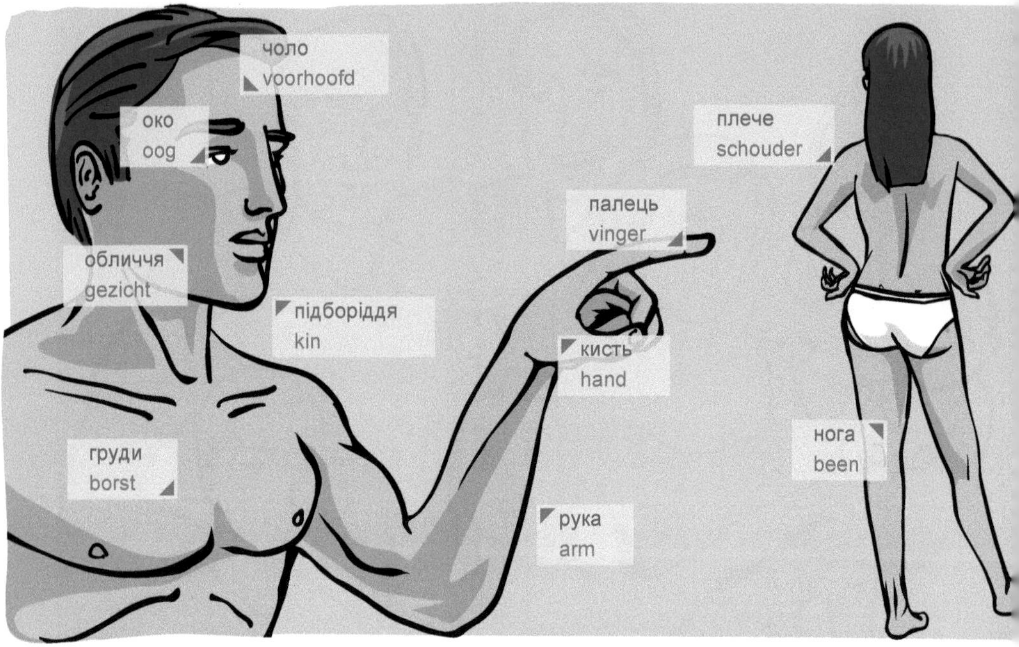

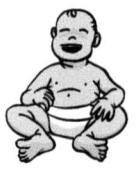

немовля

baby

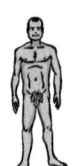

чоловік

man

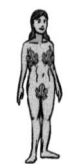

жінка

vrouw

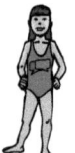

дівчина

meisje

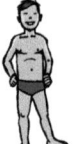

хлопчик

jongen

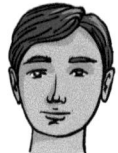

голова

hoofd

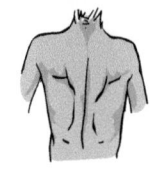

спина

rug

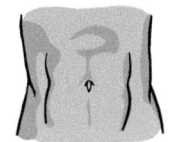

живіт

buik

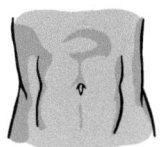

пуп

navel

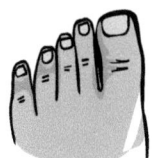

палець ноги

teen

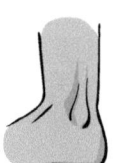

п'ята

hiel

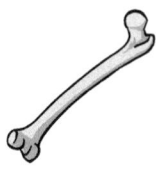

кістка

bot

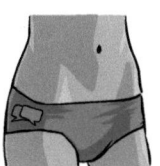

стегно

heup

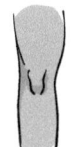

коліно

knie

лікоть

elleboog

ніс

neus

сідниці

achterwerk

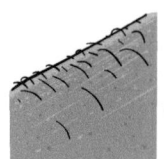

шкіра

huid

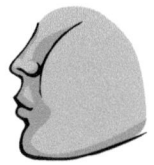

щока

wang

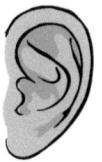

вухо

oor

губа

lippen

рот
mond

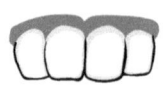

зуб
tand

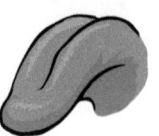

язик
tong

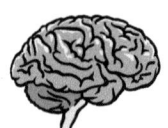

мозок
hersenen

серце
hart

м'яз
spier

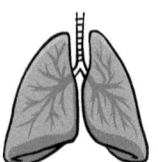

легені
long

печінка
lever

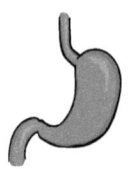

шлунок
maag

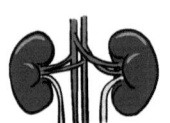

нирки
nieren

статевий акт
geslachtsgemeenschap

презерватив
condoom

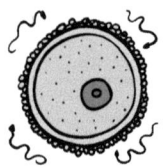

яйцеклітина
eicel

сперма
sperma

вагітність
zwangerschap

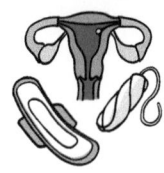

менструація

menstruatie

вагіна

vagina

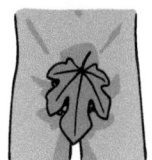

пеніс

penis

брова

wenkbrauw

волосся

haar

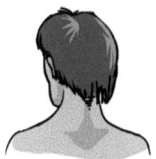

шия

hals

лікарня
ziekenhuis

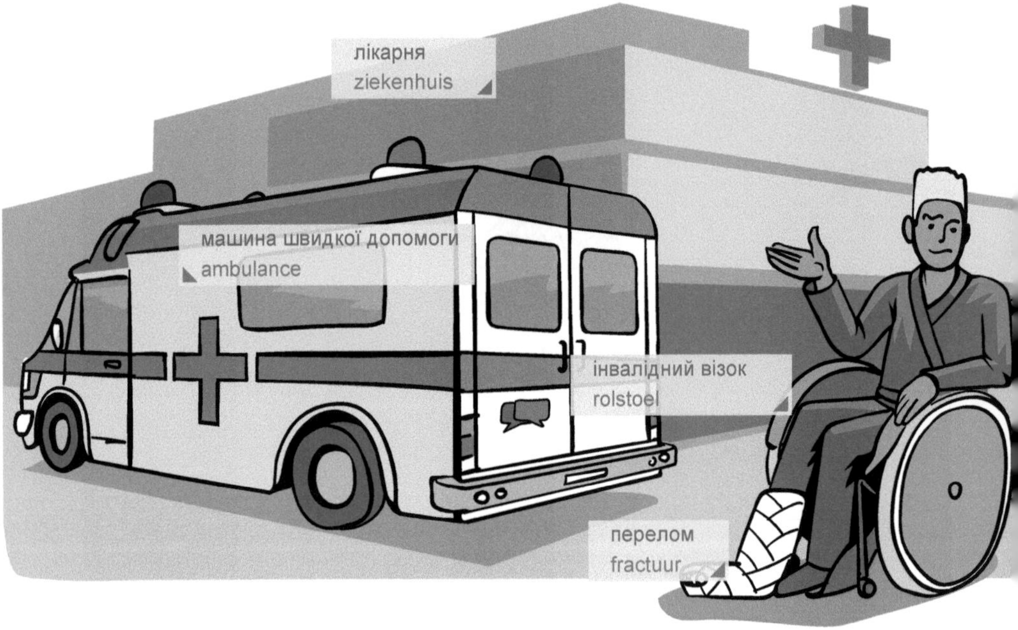

лікарня
ziekenhuis

машина швидкої допомоги
ambulance

інвалідний візок
rolstoel

перелом
fractuur

лікар

dokter

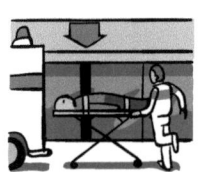

відділення швидкої
медичної допомоги

EHBO

медсестра

verpleegster

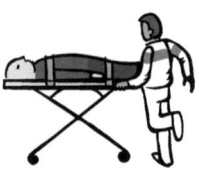

аварійний випадок

noodgeval

непритомний

bewusteloos

біль

pijn

травма

verwonding

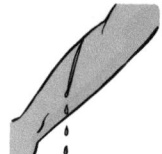

кровотеча

bloeding

інфаркт

hartaanval

інсульт

beroerte

алергія

allergie

кашель

hoest

лихоманка

koorts

грип

griep

пронос

diarree

головна біль

hoofdpijn

рак

kanker

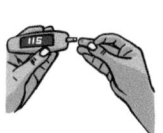

діабет

diabetes

хірург

chirurg

скальпель

scalpel

операція

operatie

КТ
CT

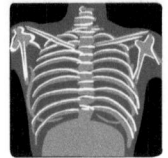

рентген
röntgen

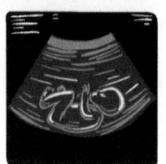

ультразвук
echografie

маска
gezichtsmasker

хвороба
ziekte

зал очікування
wachtkamer

милиця
kruk

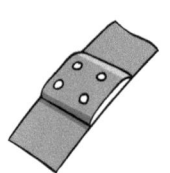

пластир
pleister

пов'язка
verband

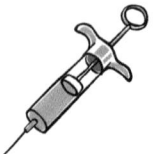

ін'єкція
injectie

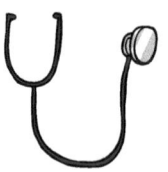

стетоскоп
stethoscoop

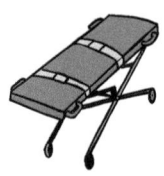

ноші
brancard

термометр
thermometer

народження
geboorte

надмірна вага
overgewicht

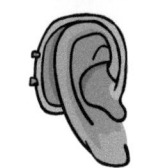

слуховий апарат

gehoorapparaat

дезінфікуючий засіб

ontsmettingsmiddel

інфекція

infectie

вірус

virus

ВІЛ / СНІД

HIV / AIDS

медицина

medicijn

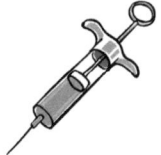

вакцинація

inenting

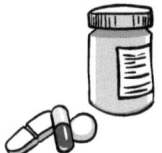

таблетки

tabletten

протизаплідна пігулка

pil

екстрений виклик

alarmnummer

тонометр

bloeddrukmeter

хворий / здоровий

ziek / gezond

Допоможіть!

Help!

сигнал тривоги

alarm

напад

overval

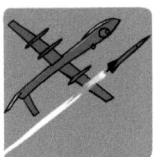

атака

aanval

небезпека

gevaar

аварійний вихід

nooduitgang

Вогонь!

Brand!

вогнегасник

brandblusser

аварія

ongeluk

аптечка

EHBO-koffer

СОС

SOS

поліція

politie

Європа

Europa

Північна Америка

Noord-Amerika

Південна Америка

Zuid-Amerika

Африка

Afrika

Азія

Azië

Австралія

Australië

Атлантика

Atlantische Oceaan

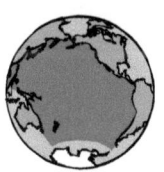

Тихий океан

Stille Oceaan

Індійський океан

Indische Oceaan

Антарктичний океан

Zuidelijke Oceaan

Північний Льодовитий
океан

Noordelijke IJszee

Північний полюс

Noordpool

Південний полюс
Zuidpool

Антарктика
Antarctica

Земля
aarde

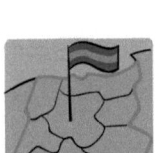

суша
land

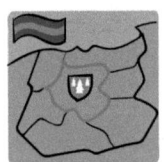

море
zee

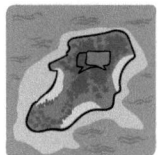

острів
eiland

нація
natie

держава
staat

циферблат

wijzerplaat

годинникова стрілка

uurwijzer

хвилинна стрілка

minutenwijzer

секундна стрілка

secondewijzer

Котра година?

Hoe laat is het?

день

dag

час

tijd

зараз

nu

цифровий годинник

digitaal horloge

хвилина

minuut

година

uur

тиждень

week

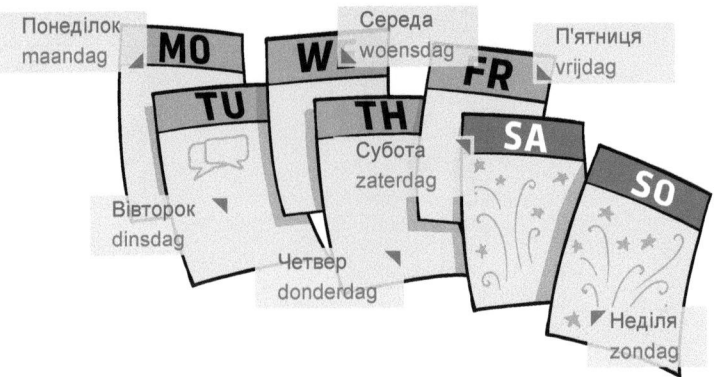

Понеділок
maandag

Середа
woensdag

П'ятниця
vrijdag

Вівторок
dinsdag

Четвер
donderdag

Субота
zaterdag

Неділя
zondag

вчора

gisteren

сьогодні

vandaag

завтра

morgen

ранок

ochtend

опівдні

middag

вечір

avond

робочі дні

werkdagen

кінець робочого тижня

weekend

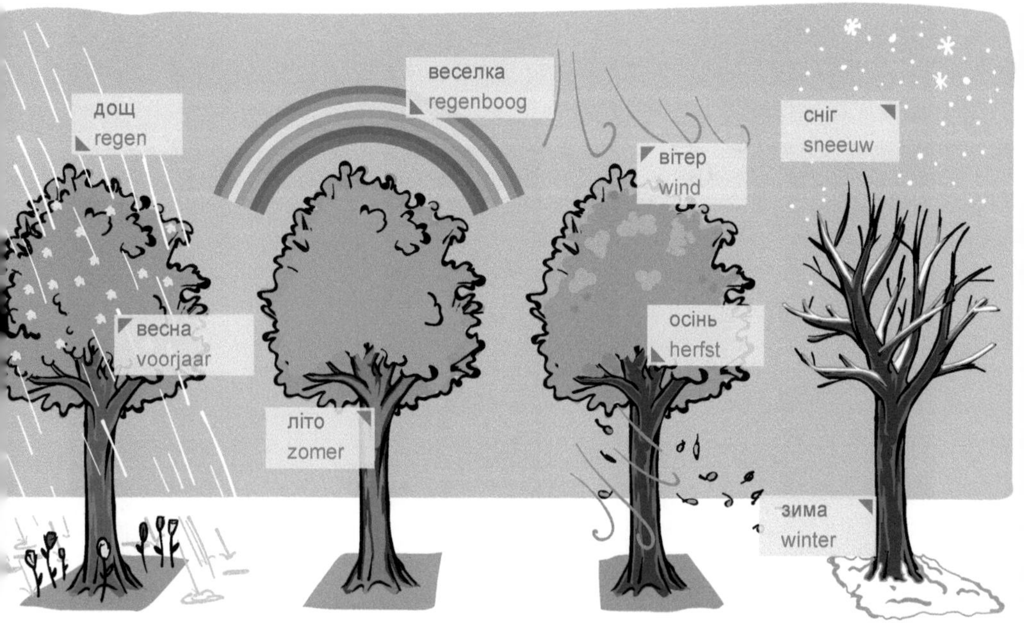

дощ
regen
веселка
regenboog
вітер
wind
сніг
sneeuw
весна
voorjaar
літо
zomer
осінь
herfst
зима
winter

4.APRIL 11°
5.APRIL 4°
6.APRIL 13°
7.APRIL 8°
8.APRIL 10°

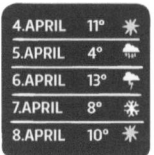

прогноз погоди

weerbericht

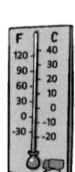

термометр

thermometer

сонячне світло

zonneschijn

хмара

wolk

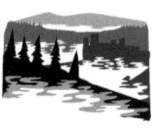

туман

mist

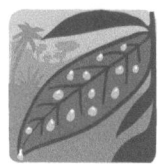

вологість повітря

luchtvochtigheid

блискавка

bliksem

грім

donder

шторм

storm

град

hagel

мусон

moesson

повінь

overstroming

лід

ijs

Січень

januari

Лютий

februari

Березень

maart

Квітень

april

Травень

mei

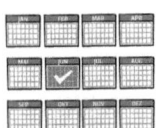

Червень

juni

Липень

juli

Серпень

augustus

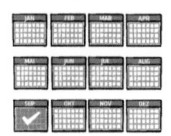

Вересень
....
september

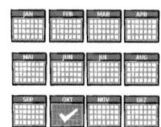

Жовтень
....
oktober

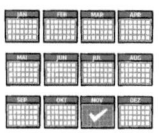

Листопад
....
november

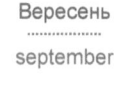

Грудень
....
december

форми
vormen

круг
....
cirkel

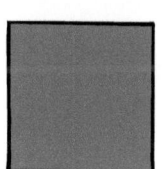

квадрат
....
vierkant

прямокутник
....
rechthoek

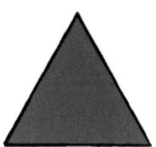

трикутник
....
driehoek

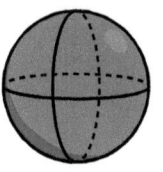

куля
....
bol

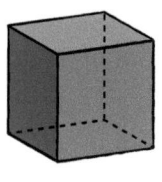

куб
....
kubus

білий

wit

жовтий

geel

помаранчевий

oranje

рожевий

roze

червоний

rood

фіолетовий

paars

синій

blauw

зелений

groen

коричневий

bruin

сірий

grijs

чорний

zwart

багато / мало

veel / weinig

лютий / мирний

boos / rustig

гарний / бридкий

mooi / lelijk

початок / кінець

begin / einde

великий / малий

groot / klein

світлий / темний

licht / donker

брат / сестра

broer / zus

чистий / брудний

schoon / vies

завершений /
незавершений
volledig / onvolledig

день / ніч

dag/ nacht

мертвий / живий

dood / levend

широкий / вузький

breed / smal

їстівний / неїстівний

eetbaar / oneetbaar

злий / дружній

gemeen / aardig

збуджений / нудьгуючий

opgewonden / verveeld

товстий / тонкий

dik / dun

спочатку / востаннє

eerste / laatste

друг / ворог

vriend / vijand

повний / порожній

vol / leeg

жорсткий / м'який

hard / zacht

важкий / легкий

zwaar / licht

голод / спрага

honger / dorst

хворий / здоровий

ziek / gezond

незаконний / законний

illegaal / legaal

розумний / дурний

intelligent / dom

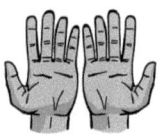

вліво / вправо

links / rechts

поруч / далеко

dichtbij / ver

новий / використаний

nieuw / gebruikt

нічого / щось

niets / iets

старий / молодий

oud / jong

вкл / викл

aan / uit

відкрито / закрито

open / gesloten

тихо / гучно

zacht / luid

багатий / бідний

rijk / arm

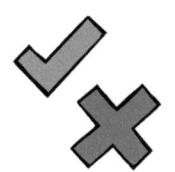

правильно / неправильно

goed / fout

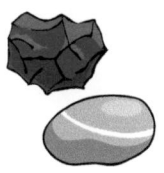

шорсткий / гладкий

ruw / glad

сумний / щасливий

verdrietig / gelukkig

короткий / довгий

kort / lang

повільно / швидко

langzaam / snel

вологий / сухий

nat / droog

гарячий / холодний

warm / koel

війна / мир

oorlog / vrede

0

нуль

nul

1

один

één

2

два

twee

3

три

drie

4

чотири

vier

5

п'ять

vijf

6

шість

zes

7

сім

zeven

8

вісім

acht

9

дев'ять

negen

10

десять

tien

11

одинадцять

elf

12

дванадцять

twaalf

13

тринадцять

dertien

14

чотирнадцять

veertien

15

п'ятнадцять

vijftien

16

шістнадцять

zestien

17

сімнадцять

zeventien

18

вісімнадцять

achttien

19

дев'ятнадцять

negentien

20

двадцять

twintig

100

сто

honderd

1.000

тисяча

duizend

1.000.000

мільйон

miljoen

англійська

Engels

американська англійська

Amerikaans Engels

китайська
високочиновницька

Chinees Mandarijn

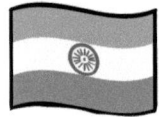

хінді

Hindi

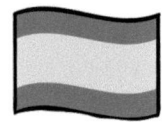

іспанська

Spaans

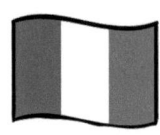

французька

Frans

арабська

Arabisch

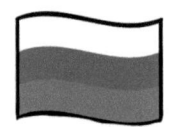

російська

Russisch

португальська

Portugees

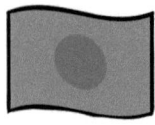

бенгальська

Bengalees

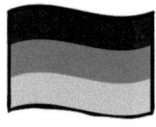

німецька

Duits

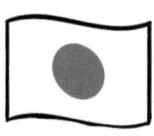

японська

Japans

я
ik

ти
jij

він / вона / воно
hij / zij / het

ми
wij

ви
jullie

вони
zij

хто?
wie?

що?
wat?

як?
hoe?

де?
waar?

коли?
wanneer?

ім'я
naam

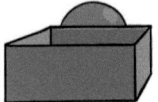

ззаду

achter

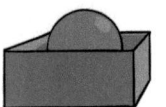

в

in

перед

voor

над

boven

на

op

під

onder

біля

naast

між

tussen

місце

plaats